50

Loi n° 49-956 du 16 juillet 1949 sur les publications destinées
à la jeunesse, modifiée par la loi n° 2011-525 du 17 mai 2011.

ISBN : 978-2-09-257809-4
Achevé d'imprimer en décembre 2017 par EGEDSA, Sabadell, Espagne.
N° d'éditeur : 10236198
Dépôt légal : février 2018

Mes premières QUESTIONS RÉPONSES ! 3+

Les émotions

Texte de **Cécile Jugla**
Illustrations de **Caroline Modeste**

Nathan

C'est quoi, les émotions ?

C'est tout ce que tu ressens au fil de la journée : certaines émotions, comme la joie, sont agréables, d'autres, comme la tristesse, ne le sont vraiment pas !

Existe-t-il beaucoup d'émotions ?
Oui ! Il y a la fierté, la peur, la honte, la colère, la jalousie, le dégoût, la curiosité, la surprise...

Comment arrive une émotion ?

Sans prévenir ! Elle t'envahit soudain et surgit en réaction à ce que tu vis. Elle dit ce que tu ressens.

Comment se voit une émotion ?

Elle se lit sur ton visage ou à travers tes gestes, elle s'entend aussi au son de ta voix. Tu es joyeux ? Tu ris. Triste ? Les larmes coulent…

Que fais-tu quand tu es surpris ?
Tes yeux et ta bouche forment un rond, ton cœur s'accélère, tu sursautes, puis tu te tiens immobile comme une statue !

Qu’est-ce qui cause le dégoût ?
L’odeur ou la vue du caca, un aliment gluant ou tout pourri, une araignée poilue… Quand tu es dégoûté, tu peux avoir envie de vomir !

Pourquoi es-tu triste ?

Tu es triste quand tu perds ton doudou, quand tu te fâches avec ton super copain, quand tu quittes tes parents ou que tu te fais mal…

Pourquoi es-tu parfois jaloux ?
Quand tu es jaloux, c'est souvent parce que tu es triste ou que tu as peur que tes parents s'occupent moins de toi ou qu'ils t'aiment moins.

Que faire quand quelqu'un pleure ?
Un gros câlin pour le consoler. Lui dire des mots gentils pour faire partir sa peine et essayer de le rendre joyeux.

Quand fais-tu des colères ?

Quand on te dit non, quand un copain t'embête, quand tu as envie du jouet d'un autre, quand tu es triste, fatigué… et que tu ne sais pas le dire !

Comment s'exprime ta colère ?
Tu te roules par terre, tu hurles, tu baves, tu es tout rouge : la colère est une émotion forte !

As-tu le droit de taper quand tu es en colère ?
Non ! Mais pour te calmer, cogne dans un coussin, respire calmement ou écoute les mots apaisants de tes parents.

À quoi ça sert d'avoir peur ?

La peur est utile : elle t'évite de plonger dans la piscine quand tu ne sais pas nager ! Mais elle est embêtante quand elle t'empêche de mettre un pied dans l'eau.

Comment s'exprime la peur ?

De façons différentes : tu deviens blanc, tu trembles, tu cries, tu sursautes ou tu te sauves en courant.

Pourquoi tu rougis ?
Parce que tu es gêné ! Ton cœur bat plus vite : plus de sang, rouge, circule alors sous la peau de ton visage.

Petits et grands, on a les mêmes émotions ?

Oui, à tout âge, on peut être joyeux, tristes, fiers... Mais les adultes font rarement des colères comme toi : ils ont appris à contrôler leurs émotions.

Qu'est-ce qui rend fier ?
Réussir à faire quelque chose de difficile, surmonter ses peurs, être aimé et recevoir des compliments : tout cela rend fier, qu'on soit petit ou grand !

Pleurer, c'est seulement pour les bébés ?

Non, tout le monde a besoin de pleurer quand il est triste. Le bébé, lui, pleure pour dire ce qu'il ressent, car il ne sait pas parler !

Peux-tu être tout le temps content ?

Non, tu changes d'émotions selon ce que tu vis.
Mais tu peux apprendre à faire durer les bons moments comme les gros câlins !

Comment sais-tu que tu es content ?
Tu le sens dans ton corps et dans ta tête.
Tu es calme, tu souris, tu ris, tu as envie d'être gentil.

Qu’est-ce qui rend content ?
Plein de choses : manger un gâteau, jouer, rigoler, aimer et être aimé. Reconnais ces moments et tu seras heureux !

Cherche dans l'image !

le seau
le crabe
la casquette
la crème solaire
la pelle
l'enfant triste